座敷わらしのいる蔵

高橋みどり

幻冬舎 MC

座敷わらしのいる蔵

まえがき

日本には昔から、座敷わらし伝説がある。

座敷わらしは、主に岩手県に伝わる妖怪で、座敷または蔵《くら》に住む神と言われ、家人にイタズラをしたり、見た者には幸運を授けたり、家に富をもたらすなどの伝説がある。

柳田国男の『遠野物語』や『石神問答』などでも知られ、近年では、座敷わらしに会える宿として岩手県の「緑風荘」「菅原別館」「わらべ」などがテレビ番組などに取り上げられている。

東北には、岩手県だけではなく、他県でも座敷わらしの出るところはあるが、今のところ宮城県で、テレビで放送されたのは、仙台市から南下すること車で一時間のところにある角田《かくだ》市の（有）マルセンという小売店の店舗内にある蔵のみである。

私、高橋みどりは、名古屋で大学を卒業すると、小中高と同級生だった幼なじみの元銀行員と結婚し、一男一女をもうけたが、銀行員をやめた元夫は、仙台でコンビニを経営する。そしてコンビニのアルバイトの女の子を好きになり離婚する。三年後、結婚相談所を介して知り合ったのが、今の夫、高橋克裕《かつひろ》である。克裕は、マルセンの社長であり、その出会いが、奇跡の始まりだった。

二〇〇〇年にマルセンに嫁ぎ、二〇一一年に東日本大震災に遭い、二〇一二年に、『サンドのぼんやり～ぬTV』がお店に取材に来て、二〇一七年に、そのマルセンの店内にある蔵の中に座敷わらしがいることがわかった。

克裕も私も数々の試練に出会い苦しみながらもずっと前を向いて生きてきた。

その中で、幸せになれたのは、座敷わらしのおかげかもしれない。

目次

カバーイラスト　石雨嫣

お店の中に蔵がある。
この蔵の2階に座敷わらしが住んでいるらしい。

一、パワースポットの蔵

二〇一二年、地元番組『サンドのぼんやり〜ぬＴＶ』が、ここ、宮城県角田市にある小売店「(有) マルセン」の店内にある「蔵」の取材に来た。

前年の東日本大震災ではマグニチュード九、最大震度七の巨大地震が、角田市を襲った。近所の蔵は、壁がはげ落ちたり、瓦がすべて落下したりしていたが、マルセンのお店の中にある蔵は、瓦一枚落ちなかった。

それでいつしか、

「マルセンの蔵は、パワースポットだ」

という噂が広がったのだ。

そんな噂を聞きつけた、お笑い芸人コンビのサンドウィッチマンさんたちといっしょに来店した女性アナウンサーの方が、

「婚活パワーが、欲しい」

と蔵にさわっていった。

すると、その放送の数ヶ月後、女性アナウンサーは結婚した。

それ以来、マルセンの蔵をさわっていくと、結婚できたり、宝くじの高額当選者が出るようになったりした。そして蔵の二階の窓には、お礼参りのお酒が日に日に増えていった。

二〇一七年のある日、仙台から来店した営業マンの男性が、

「先日、お店に来店した時、この蔵の二階にいる座敷わらしから、『おじちゃんお菓子ちょうだい』と、言われたので、お菓子を持ってきました」

と蔵の階段の下のところに、お菓子とオレンジジュースを、お供えしていってくれた。

本当に、座敷わらしはいるのか。

お酒ばかりお供えしているので、座敷わらしは、

「子供だから、お酒じゃなくてお菓子が欲しいんだよ」

と言ってきたのかもしれない。

二、座敷わらし発見

ある営業マンが座敷わらしに、

「おじちゃんお菓子ちょうだい」

と言われた翌年二〇一八年三月四日、私は蔵の入口に飾ってあった七段飾りのお雛様を片づけ、その箱を蔵の二階の奥に置いた。その時突然、蔵の二階の照明が消えた。


照明のスイッチは、蔵の一階の階段の昇り口にあるので、下で誰かスタッフが電気を消したと思い、

「私、いますよ」

と階段の下に向かって叫ぶと、『ポワン』と蔵の二階の照明がついた。

あとで下に行き、

「今、誰か蔵の二階の電気、消しましたか」

と尋ねたが、誰も心当りはなかった。

一体、誰が蔵の照明を消したのだろう。

もしかしたら、昔装束のお雛人形たちがしまわれるのを、座敷わらしが嫌がって、イタズラをしたのかもしれない。

座敷わらしが、その小さな存在をそっと教えてくれたようで、心にポッと火がともったような気がしてうれしかった。

三、(有) マルセンの二代目社長、高橋克裕

お店の中に蔵のある店「(有) マルセン」の二代目社長、高橋克裕は、高橋千《せん》治郎《じろう》、みどり (私と同名) の長男として一九五〇年に生まれた。姉と妹がいる。

地元の角田小学校、角田中学校、角田高校を卒業後、横浜商科大学商学部に進み、卒業のころ、心臓病を患っていた母を気づかい、店を継ぐ決心をする。

父と母の商才は素晴らしく、仙南地区で食品の卸しと小売を手広くやっており、克裕が店に入ったころは、店の向かいには喫茶店も、同時に経営していた。

喫茶「白樺《しらかば》」は、角田市に初めてできた喫茶店で、ドアチャイムの付いた入口のドアを開けると、赤い絨毯《じゅうたん》張りのおしゃれな造りである。当時は入口で間違って靴をぬぐ人もいたそうだ。

喫茶「白樺」の経営は人にまかせていたが、克裕は、大学時代から休みで帰省している時には喫茶店を手伝う『かっこいいお兄さん』だった。

冬になると、みやぎ蔵王《ざおう》にスキーに行く克裕だった。スキーの腕前もなかなか

だった克裕は、大学時代の親友・関沢《せきざわ》と蔵王の頂上からすべっていた時、前妻の喜代子《きよこ》と出会う。

喜代子は神戸の都市銀行に勤めていたが、休みの度に克裕宅を訪れ、ついに家出同然に、ハンドバッグ一つで押しかけて来たのだった。

心優しい高橋家の人たちは、遠路神戸から家を出てきた喜代子を不憫に思い、靴から洋服、着物や帯にいたるまで買い揃えてやる。

そして、男気《おとこぎ》のある克裕は、自分だけをたより神戸から東北へやって来た喜代子を嫁にする覚悟を決める。

父・千治郎は、克裕と喜代子と叔父を伴い、遠路、神戸の喜代子の実家に挨拶に向かう。

しかし、神戸の喜代子の実家では、父母兄らが家出同然に出て行った喜代子を叱り、母は喜代子に平手打ちをくらわせた。

当然、

「上がってお茶でも」

の一言もなく、克裕は喜代子をかばい、宮城県角田市へと連れ帰ったのだった。

義父・千治郎と義母・みどりは喜代子を不憫に思い、克裕と喜代子の結婚式を、他県の人でもわかる有名な仙台青葉城跡の式場で、盛大に執り行なった。

しかし、喜代子側の両親や親戚は、一切出席することはなかった。

克裕と喜代子は、店を手伝いながら二人の男の子を育てた。

克裕は大学時代から続けている空手で三段を取り、近所の中学校の武道館で、幼い息子たちとともに小中学生に空手を教えていた。

子供たちの成長に伴い、喜代子は勝気さを増していき、経営者である克裕の両親にも、

「なんで店に来るんですか。その目つきは、なんですか」

などと暴言をはき、店員さんたちも自分の手中に収めようとした。

四、克裕、第一の試練 ――頭蓋骨骨折――

一九八八年、阿武隈《あぶくま》急行が全線開通し、角田駅にも電車が停車することになった。

そのお祝いのため、克裕も商工会の手伝いで、四メートルの高さの滑車に乗り、「オーライ、オーライ」と町中の電柱から電柱へと、世界中の国旗のフラッグガーランドを取りつけていた。

ふと、その時、突然の停止のせいだろうか。「どん」というにぶい音とともに、克裕は、四メートルの高さから地上のコンクリートに頭から落下してしまった。

意識不明の重体の克裕は、脳外科で有名な仙台の広南病院に救急車で向かうことになる。病名は、頭蓋骨陥没、脳挫傷、脳内出血で、三日間意識不明の重体が続いていた。

しかし、克裕が広南病院に運ばれた時、偶然にも、脳外科学会の期間中であった。

　意識が戻った克裕は、担当の医師から、

「脳外科学会に参加されていた先生方のご意見もお聞きして、検査した結果、ギリギリで開頭手術をせずに、点滴で治療することができました」

と言われた。

　克裕の病床の周りには、大勢の医師たちが彼の病状を観察に来ていた。

　かくして九死に一生を得た克裕だったが、今にして思えば、座敷わらしが克裕を守ってくれたのかもしれない。

五、イタリア「世界コーヒー会議」

一九九〇年代、まだ景気が良かったころ、コーヒー豆販売店の全国組織としての「全国UCCバザール会」があり、UCCと五十年以上取引のあったマルセンも、宮城県の役員店として選ばれていた。

当時マルセンは喫茶店も経営しており、小売と合わせて毎月百キロ以上のコーヒー豆を仕入れていた。

ある時、バザール会の役員改選となり、克裕は全東北の会長に選出された。

一九九四年、克裕四十四歳の時、UCCコーヒーの主催で、アメリカのスターバックスなどのビジネス視察としてシアトル、ロサンゼルス、サンフランシスコに行った。

翌年には、イタリアのベニスで（世界四十四ヵ国が参加の）「世界コーヒー会議」が開催され、克裕は日本の「全国UCCバザール会」代表としてスピーチをすることになる。

その会議も無事終了し、三日目にはミラノの「ドゥオーモ寺院」を視察した。

「ドゥオーモ寺院」は完成までに四百年以上もかかり、八百年前にはすでに造り始められていたそうで、ガイドさんは、

「八百年も前に造られてから今日までの間に、世界恐慌、大不況などが、何度となく訪れたにもかかわらず、現在にいたっても、毎月、何百万人の人たちが、ここを訪れているのです」

と言った。

克裕はガイドさんに、

「どうして、不景気でも毎月何百万人ものお客様が来ているのですか」

と尋ねてみた。

するとガイドさんは一言。

「本物だからですよ」

このあと克裕は「本物」が人にいかに大きな影響を与えるかを知ることになる。

日本に帰る飛行機の中、克裕は頭の中で、

「本物……本物……」

とずっと考えていた。

そういえば、アメリカに行っても、イタリアに行っても、「蔵」はなかった。

「蔵」は、日本の独自の文化になるのかもしれない……。

「蔵」とは、真白な壁の家「土蔵造《どぞうづく》りの家」。土壁《つちかべ》の上に漆喰《しっくい》などを塗って仕上げたものである。

蔵の建築様式は、通気性が良く耐火性に優れている。

火事の際は、貴重品を蔵の中に運び入れ、扉を固く閉じ、家の宝を守ったという話も伝わっている。

蔵造りがいつごろから始まったかは定かではないが、江戸時代には漆喰仕上げが完成し、その耐火性能から、戦国時代の城郭や天守にも使用されていた（扉のすき間に味噌を塗って火の粉の進入を防いだりした）。

マルセンの蔵は、後出の座敷わらしと話した伊藤さんによると、一八七六（明治九）年ごろに建てられた蔵である（百四十五年ほど前）。

宮城県角田市は、一級河川の阿武隈川の西に面しており、古くから米作りや養蚕が盛んで、絹や米、塩や材木などの商品を、阿武隈川を運搬に使い、財を成した豪商が多くいた。

彼らは、店蔵や、店の裏に商品をしまっておく倉庫としての蔵を何棟も持っていた。

マルセンの蔵は、元呉服商の所有していた呉服蔵で、その土地を初代の千治郎が購入しその蔵の前に旧店舗を建てていた。


日本に帰った克裕は、道路に面した店舗とその奥の自宅の間の中庭にある「蔵」を見て考えた。

この蔵を覆《おお》うように新しい店舗を中庭に建て、蔵は、本来の役目を果たすべく、商品のバックヤードとして活用する。

中庭の店舗が出来上がり次第、商品を移し、道路に面した旧店舗をすべて取り壊し、その店舗部分をお客様用の駐車場にする。

その内部に蔵を入れるという入れ子構造の構想を一級建築士に話すと、彼は、

「お店の中に蔵を入れるなど、前例がない」

と驚いていたが、克裕の決意は、その後、変わることはなかった。

六、克裕、第二の試練　――右足を複雑骨折――

克裕の両親と同居していた喜代子は、義母のシャンプーの匂いを、

「臭い、臭い」

と言って困らせた。

また、山歩きが好きで銀杏を拾ってきては電子レンジで温める義父に対しても、

「臭い、臭い」

と騒ぎ、義父が銀杏《ぎんなん》を取り出すとすぐ、義父の目の前で電子レンジの大掃除をする始末であった。

義父母は喜代子の日々の態度に愛想を尽かし、会社さえも乗っ取ろうとする喜代子をクビにする事態となる。義父はマルセンから車で十分のところに克裕夫婦の新居を見つけ、別居が始まった。

ほどなく、喜代子は当てつけるように、マルセンの向かいの郵便局に勤め始める。

当時、夫婦仲は冷めきっており、克裕はストレス解消に、親友・関沢から薦められたパラグライダーを始めた。

毎週日曜日、蔵王の山麓まで五十分、車を走らせ通っていた。

その日も、みやぎ蔵王えぼしリゾートのスキー場から、仲間たちと上空を舞っていた。

とその時、突然の突風に煽られ、克裕は足から着地しようとしたものの『ボキッ』と大きな音とともに、右足を複雑骨折してしまった。

七、(有) マルセン新店舗建設

新店舗を旧店舗の裏に建設中、パラグライダーで落下。右足を複雑骨折してしまった克裕は、松葉杖をつきながら店に通う日々が続いた。

そんなある日、閉店後、自宅に帰宅すると自宅には灯りが一つもついておらず、カギを開けて中に入ると、そこには驚きの光景が広がっていた。

リビングの家具が、何一つない。

台所の食器棚が、ない。

大型冷蔵庫が、ない。

テレビやエアコンが、ない。

すべての家具がなくなって、家はもぬけの殻状態。

おまけに、妻も、帰省していた長男もいない。

克裕は、愕然とした。

『一体、何が起こったのだろう……』

『これは、もしかしたら、大がかりな窃盗団の仕業かもしれない……』

克裕は警察に電話をした（当時克裕は防犯協会の隊員もやっていた）。何が起こっているのか見当がつかないので、

「できればサイレンを鳴らさずに、様子を見に来てほしい」

と言った。

ほどなく警察がやって来た。警官たちは家の中を調べていたが、

「高橋さん、金庫は大丈夫かい」

と尋ねてきた。

そうだ、金庫だと思い、確認すると、カギはかかっている。中を開けてみると、新築したばかりのこの家の権利書や預金通帳が無くなっている。

警官にそう告げると、警官は金庫の中を見て、

「ああ、高橋さん、これは身内の仕業だねぇ」

と言った。

喜代子だった。

その後、隣人に尋ねると、

「長男さんもいっしょに荷物を積み込んでいたので、てっきり、長男さんの引越かと思ったよ」

とのことだった。

当時、長男は東京の専門学校に通い、次男は福島で大学に通っていた。その自宅には夫婦二人だけが住んでいたのだが、喜代子は帰省していた長男に手伝わせて内緒の引越を決行したのである。克裕は、長男までもが自分に内緒で母親と結託して、家出の計画を練っていたのだと知って、悔しさで胸が張り裂けそうになった。

喜代子は、空手の指導員で空手三段の夫が、足を複雑骨折していて動けないのをいいことに、『今がチャンスだ』とばかりに、家の預金通帳や権利書、家財道具一式を持って出て行ったのである。

新店舗建設中に足を骨折してしまい、心が折れそうになっている夫を支えるのが妻の役目だと思うのだが、喜代子には、そんな思いやりの心が一ミリもなかったのだ。

八、どん底からの躍進

道路に面して建っていた旧店舗で営業しつつ、その裏の中庭に蔵を覆うように新店舗を建て終えると、一日だけ店を休業にして、その日のうちに、旧店舗から裏の新店舗に、すべての商品を運び出した。

そして、旧店舗を取り壊している間は、旧店舗の脇を通り、新店舗に入れるようにし、旧店舗の建物のあった場所は、十台分のお客様用の駐車場にした。

克裕は、松葉杖をつきながらの不自由な生活だったので、妻と専門学生の息子が家財道具一切を持っていなくなった自宅からは通わず、新店舗の裏に建つ両親の住む家から通った。

克裕のかつての部屋は二階にあり、お尻で一段一段階段を降りながら、心の中で、

『負けるものか、負けるものか。こんちくしょう……』と叫んでいた。

店が夜七時に終わり、裏の家で母の作ってくれた夕食を食べ、夜八時ごろには

店の事務所へ戻った。

当時はパソコンが出回り始めたころで、ワープロもやったことのない克裕は、毎晩『ホームページの作り方』の本を読みながら夜二時までの作業を続け、半年ほどで完全自作のホームページを作り上げたのだった。

オープンから二年八ヶ月、一日も休むことなく、年中無休で営業する店に出ていた。

ぜったいに失敗するわけにはいかないからだ。

新店舗をオープンしてからは、他の店には売っていない超珍しい商品である「こうじ」や、こうじを作るこうじ菌、納豆菌、豆や、宮城県ならではの枝豆から作る「ずんだ餡」や、黒ごま餡、北海道の十勝あずきを使った美味しいあんこや、お寿司屋さんの『味付すしあげ』など、全国から美味しいものを仕入れた。

その経営センスは群を抜いており、宮城県の中でも米どころ角田市の、農家の多い土地柄に根づいた商品を考えに考えて品備えしていた。

角田市では、春秋の彼岸、お盆、正月には、親族が角田市の本家《ほんけ》に集まり、餅をつき、餅料理を振舞う風習があるので、冷凍のもち草（ゆでて、刻んであるよもぎ）や、ずんだ餡などを。

また、お人寄りの時や、お祝いの時には、「くりあいが、良くなるように」とか、「やりくりが、うまく出来るように」と、栗ぶかし（栗を入れたおこわ）を作るための、冷凍のむき栗を大量に仕入れて売ったのだった。

冷凍のむき栗を保管するため、店の奥の作業場に二坪のウォークイン冷凍庫も準備した。

栗ぶかしを入れて、親戚やご近所に配るための使い捨てのお弁当パックも販売した。お弁当パックなどは、百枚入りや五十枚入りなのだが、一般のお客様にも購入しやすいようにと、十枚入りを作って販売した。

店主はいたものの、おかみさんはいないので、すでに嫁いでいた義姉が、専務として入り、お店の経営をお手伝いしてくれていたので、克裕は安心して社長業をやれたことだろう。

克裕は、お姉さんに、長年にわたり、本当にお世話になっていた。

一九〇〇年代の終わり、日本には不景気風が吹いていたが、克裕の新店舗マルセンは毎日大盛況で、一日百人以上のお客様がコンスタントに来店し続けた。

経営者が、その街に住むお客様のことを考えた商品構成をしていけば、おのずと近隣市町村からも買い物に来たくなる。克裕のおおらかで、ユーモアのある優しい人柄も、人気の一つであった。

地元の人たちはお年寄りの方も多いので、入口はバリアフリーにし、店内にはベンチやイスを置き、UCCの特約店でコーヒー豆も販売していたので、コーヒーの無料試飲も、オープン以来、新型コロナウイルス感染症が流行になるまで二十年間、毎日続けていた。

克裕は、店でお年寄りを見かけると、

「気をつけらいね。転んだら骨折だからね」

と、声をかけ、神奈川県の川崎大師の飴屋さんから仕入れている漢方薬入りの「呆気《ぼけ》封じ飴」の試食をあげたりしていた。

九、みどりの初恋

私、高橋みどりは、一九五九年、海上保安庁で一等航海士をしている父と専業主婦の母の間に生まれた。

両親ともに、明るく、優しく、まじめで、裏表のない性格だった。

旧姓は雨森《あめのもり》という。

先祖に儒学者の雨森芳洲《ほうしゅう》がいる。

私は和歌山県田辺市に生まれ、父の転勤で、北海道の留萌《るもい》、名古屋市、京都府舞鶴《まいづる》市、そしてまた名古屋市へと、三年ごとに移り住んだ。

父は、海上保安庁から、運輸省の第五港湾建設局の所有する大型船の船長となり、私は小五から大学まで名古屋の地に落ち着くことになる。

名古屋市港区にある運輸省官舎に、家族で入居することになるが、その官舎の二階が私の家で、三階が同級生の順司《じゅんじ》の家だった。

彼の父親が、第五港湾建設局の陸上部門のトップで、私の父が海上部門のトップだった。

順司との出会いは、中学二年の生徒会であった。中学二年の時、生徒会前期の会長に立候補した順司の演説はカリスマ性があり、演台の上で演説する彼に、校庭で聞いていた千五百人の生徒たちはクギづけになった。

私も、その演説の少しあとにありきたりな演説をして、彼は会長に、私は会計に当選した。

毎日、授業が終わると、生徒会室に役員六人が集まって、生徒会の運営について話し合い、議事録を書いたり行事を考えたりした。素晴らしい仲間だった。毎日が充実していて楽しかった。ある日、

「いっしょに帰ろう」

と順司が声をかけてきて、いっしょに帰るようになった。

三期ほぼ同じメンバーで、生徒会を運営した。


初デートは中学二年の時、順司にさそわれて行った、名古屋の港祭《みなとまつ》りだった。港まで続く幅広い道路の舗道の両脇には出店《でみせ》が立ち並び、道路では盆踊りなどのパレードが行き来し、かなりの人出である。二人はたくさんの会話をしながら、

出店をのぞいたり、金魚すくいをしたりしながら、花火会場の埠頭《ふとう》へと向かった。港祭りは、中学で初めてつき合ったカップルがデビューする場所として有名だった。

埠頭は多くの浴衣姿の人たちでびっしりうまっていたので、順司は私の手をギュッと握った。

そして大輪の花火が終わり、二人はずっと手を繋いだまま、バスに乗らず徒歩で、運輸省官舎へ向かった。

途中、歩道の脇の、堤防のようになったところで、二人並んで腰かけ、足をブラブラさせながら行きかう車のライトを見つつ、しばらく話をしていた。すると『この人と、ずーっといっしょにいたいな――』という気持ちがわき上がってきた。これが、恋というものだろうか。

私は今も、足をブラブラさせて、おすわりしている人形が好きで、街でおすわり人形を見かけると、その時の気持ちを思い出してしまい、ついつい購入してしまう。

高校も同じ愛知県立熱田《あつた》高校に通い、ゲタ箱にメモが入っていると、部活のあとに待ち合せて彼の自転車の後ろに乗り、いっしょに帰った。

大学は、彼が東京の青山学院大学で、一方の私は親元を出ることが叶わず、名古屋でお嬢様学校とも呼ばれる愛知淑徳大学に通う。

大学卒業まで四年間は遠距離恋愛だった。彼は大学四年間で、百個以上のカセットテープに、自分の声を入れて送ってくれた。

最初に運命が動いたのは、彼が、当時、東海銀行に就職し、名古屋駅前店勤務となり、私が歩いて五分の（株）ニッタという、トヨタ自動車のゴム部品を作る会社に事務で就職したことからだっただろうか。

すぐに結婚し、長女が生まれ、三年後には長男も生まれ、可愛い子供たちに恵まれて大変幸せな日々だった。

順司は優秀で、東海銀行の東京本部に転勤になり、そして、三年半の吉祥寺《きちじょうじ》での生活のあと、栄転コースと言われている、東北の拠点の仙台支店へ転勤となり、順調に行けば、三年後に東京本部に戻るという、出世コースに乗っていた。

しかし、東京本部勤務のころから、仕事に行きたくない日が、ポツリポツリと出てきていた。

十、みどりの離婚

私の元夫・順司は、仙台で銀行をやめ、コンビニを経営することにした。夫婦二人で一ヶ月間の店長研修を受け、試験に合格し、仙台でコンビニを開店する。

コンビニ経営は順調だった。

順司は家事をいっさい手伝わない人だったが、子供たちを可愛がってくれた。夕食の後には、よく議論をするのが好きな人だったが、いつのころからか、私が少しでも反論をすると、すぐに言葉尻をとらえて、あげ足を取ってくるようになった。

また、順司のことで心の中で嫌だなあと思っていたのは、人の悪口を言って、その人の価値を下げ、自分の価値を上げようとすることだった。

家事や育児で疲れているので、その議論を早く終わらせたいと思い、いつしか私は、反論することをやめていた。

私はつねづね結婚したら、その人とは一生添い遂げるものだと、信じていたので、死ぬ時には夫に、

「ありがとう」

と言ってから死にたいと思っていた。


順司は元々理屈っぽかったのだが、それは年とともに増していき、コンビニを始めたころには、

「俺が黒と言ったら、白くても黒と思え。他人の家のことは知らない」

と言うようになり、

「何かやってほしいことがあったら、逆のことを言え」

とまで言うようになった。

お酒は飲まない人だったが、夜中の二時三時まで友達の家で麻雀をしていて、私の睡眠時間も四時間ぐらいになっていった。

彼女と隠れてつき合っていた時は、子供たちの運動会を見に行こうとさそっても、

「興味がない」

と言うようになり、違和感を感じ始めていた矢先、突然、離婚を切り出された。

『もう、この人の気持ちは、ここに在らずだ』と、諦めの悲しい気持ちになった。

しかし、子供たちのことを想うと、今までずっと幸福な家庭で育ってきたので、心が痛み、なんとか離婚しないでいられないかと、夫に泣いてたのんだが、夫の心は向こうに行っていて、聞き入れてもらえなかった。

そして順司は、

「君には、僕よりずっと、ふさわしい人がいるはずだ」

と言った。

ただ当時、長女が中三で高校受験を控えていたので、受験が終わるまでは、子供たちには一切内緒にしていてほしいと思い、

「十ヶ月間は、離婚届けにはハンコは押さない」

と言った。

その間、夫は彼女の家と我が家を行ったり来たりした。

今までに経験したことのない悲しみが、ひと時も心を離れない十ヶ月だった。

私は離婚と同時に、新しい職に就かねばならなかった。

三十七歳の子持ちは、派遣ですら登録させてもらえなかった。

就職活動から帰ると、私はただひたすら本を読んだ。この十五年の結婚生活で、一体、私は何が悪かったのだろう。


真実って何だろう。何が善で、何が悪なんだろう。男性は同時に複数の女性を愛することのできる動物なのか。

心理学の本を読み、ハウトゥー本を読み、営業の本を読み、手相や人相の本を読み、いつしか読書をしている時だけ、心が休まるようになっていった。

十ヶ月間、ほぼ一日一冊のペースで本を読んでいった結果、彼の呪縛から解き放たれたような気がした。


事務職を探していたが、十社以上受けても無理だった。

電話営業だけど話すのは苦手ではないからと受けた会社に、かろうじて合格した。

そして、一九九七年春、私は十五年の結婚生活に幕を閉じ、二人の愛する子供の親権をもらい、離婚した。

今となっては、離婚したあとも、子供たちのことをずっと第一に考えてくれた元夫に、心から感謝したい。

就職したその会社は月の営業成績に厳しい会社で、「藁《わら》でも売れ、売れるまで昼食はとるな」（今ではパワハラである）と言うような上司が揃っていた。

休みの日もアポが入っていると、自宅から電話をかけた。

営業の本を何冊も読み漁った。

おかげで、人の気持ちを掴む方法を修得することができ、心理学が大好きだった私には、とても勉強になる仕事だった。

その会社でトップを取る月が増えてくると課長になったが、厳しい会社の方針を部下に植えつけなければならないことや、会社の営業方針そのものに納得がいかずにいた。しかし、アメリカ留学を希望して、学年でトップの成績を上げている長女と、育ち盛りの長男のために、お金を稼ぎたいという気持ちとの葛藤があったが、とうとう体が悲鳴を上げ出した。そのころには、毎日、胃腸薬と頭痛薬が手離せなくなっていた。

十一、運命の出会い

営業の会社に勤めて二年が経ったころ、会社でのお昼休み、部下の女性が、読んでいた本にはさまっているハガキを手に取り、

「こんなの必要ないですよねぇ」

と、婚活の会社のハガキを、私に見せた。

「必要な人も、いるよ」

と私がそのハガキを受け取り、何げなく記入し、ポストに入れて帰宅した。

後日、『オーネット』という婚活の会社から電話があり、

「お休みの日に、こちらへいらしてみませんか」

と言われ、素直な私は行ってみた。

担当のAさんと、少しお話をしたあと、自分の希望する男性の性格や、自分の考え方や趣味、相手の方に希望する収入面まで、こと細かにアンケートに記入し、写真もきれいに撮ってくれた。

いつも子供たちのためだけを考えて仕事をし、買い物をし、家事をし、休みの日にも自宅から電話をかけ、夜は缶ビールを飲みながら営業関連の本を読むことだけが楽しみだった私の人生が、緩やかに進路変更し始めた。

翌週からは、一週間に四人から五人の男性のプロフィールが送られてくるようになった。

仙台市内で仕事をしている私は休日にしかお会いできないので、仙台市内に住む方を希望していたのだが、盛岡市や栗原郡など遠くの方が多く、他の条件を満たしている方は多かったものの、誰ともお目にかかることはできないでいた。

とある日、担当のAさんからお電話があり、

「その後、いかがですか。こちらへいらして少しお話してみませんか」

と言っていただいた。

休日に出向いてみた。

「良い方ばかりなのですが、遠くにお住まいの方が多くて――」

と言うと、Aさんが、

「実は、私の担当している方で、あなたにピッタリだと思う方がいらっしゃるのですが、会ってみませんか」

と言ってくださった。

「その方は、宮城県角田市にお住まいの社長さんですよ」

と言われたが、東京から来た私は、角田市がどこにあるのかわからない。

「そこは遠いのですか」

と尋ねると、

「社長さんは、きっと会いに来られると思いますよ」

と言われた。また、Aさんが言うには、

「克裕さんは、コンピュータ診断によると、あなたに一番合っている人」だそうだ。


写真付きのプロフィールを見て驚いた。彼の趣味は、映画鑑賞、パラグライダー、空手である。映画鑑賞は同じだが、他はブッ飛んでいる。息子も空手を習っていたので、空手をする人の礼儀正しさは好きだし、強くてたくましく、その反面心優しい人が私の希望なので、私に合っている人なら、きっと素適な人に違いないと思い、夜、電話をかけてみた。

電話の声やお話の仕方には、明るく優しい人柄がにじみ出ていた。お忙しい方のようだったが、それでもスケジュールを調整して、

「すぐに会いましょう」

と、言ってくれた。

初めてお会いする日曜日が、やって来た。

仙台の駅前の指定された喫茶店の前で待っているが、写真の人はなかなか現れない。

私より九歳年上の人。

周りを探したが、スーツを着た若い男性が一人いるだけだ。

「もしかして、みどりさんですか」

とその若い男性が、笑顔で近づいてきた。

その時点から、私の時計は彼の時の速さに巻き込まれ、あれよあれよと進んでいく。


「じゃあ、ここに入りましょう」

と彼は言って、店の中に入っていく。

「コーヒーでいいかな」

とレジでチケットを買って席に着くと、もう一度立ち上がり、ワッフルを持ってきてくれた。

思えば、大学を卒業後、最初の結婚をしてからは、主人のため、二人の可愛い子供のためと、ずっと人のために動いてきた気がする。

前夫は今で言うモラハラ夫で、自分の考えは極力押し殺してきた。そうすることで家庭の平和が保てるならと思ってきた。

だが、今こうして、私の前には大好きなコーヒーと、私のために置かれたワッフル。

心の中に花ふぶきが舞った気がした。

「克裕さん」は、ここがUCCのバザール会で、いっしょにイタリアに行った知人の店だと言って、急に右足のズボンを大きくまくり上げ、パラグライダーで突風を受けて落下し、複雑骨折をして、十三針も縫ったとも言った。

私は、名古屋で小中高と過《す》ごし、高校の時、演劇部で演劇にのめり込み、中部大会まで行った、また大学は東京の演劇科のある大学に行きたかったが、両親の希望で、地元のお嬢さん大学に入学したと、言った。

料理も好きで、二年間は大学に通いながら料理教室にも通っていたとも話した。

克裕さんからは、彼の経営している角田市のマルセンには、お店の中に本物の蔵があり、業務用の食材や包装紙材を売っていると聞いて、料理好きの私は、どんなお店なのだろうと、想像がどんどんふくれ上がっていく。

そこで私は、

「この近くに、私のよく行く明治屋さんというお店があるのですが、そこへ行ってみませんか」

と、克裕さんをおさそいしてみた。

彼はふたつ返事で、

「行こう」

と言って、すばやく席を立った。

『なんだか、体中がバネのようで、コリコリした人だなあ』という体の印象を持った。

超元気で、超ヘルシー、超前向き、超明るい、そして、裏表《うらおもて》の全くない正しい人というイメージである。

二人で並んで歩いて、十分ほどにあるそのお店に向かい、楽しくお話をしながら、数点のお買い物をした。

仙台駅へ戻る帰り道、教会の前を通った時、突然、

『この人とは、肌が合う』
と思い、体中に、稲妻が走った。
「子供たちに食事を作らなければならないので、今日は、そろそろおいとましま
す」
と言うと、彼は、
「また、会いましょう」
とさわやかな笑顔で言ってくれた。

十二、プロポーズ

二度目に会ったのは、一週間後の日曜日だった。

角田市から一時間以上かかる仙台駅まで、テレビと冷温庫の付いた大きなワゴン車でお迎えに来てくれた。克裕さんは、

「今日は、私の住んでいる角田市へ行ってみましょう」

と車を走らせた。

角田市は初めて行く場所で、四号バイパスを一時間ほど南下すると、左に曲り、すぐに着くのかと思ったら、阿武隈川沿いに、どこまでも、どこまでも走って行く。

十五分くらい走っただろうか。

街のまん中に、なぜか巨大なロケットが、すっくと立っているコンパクトな街が出現。

こんなところに、こんな小さな街があったのかという驚きである。

私の新しい王子様は、たくましく、行動力があり、おだやかで優しくて、ワゴンの馬車で、どこへでも、グイグイ連れて行ってくれる。

角田の体育館や高校、お店や自宅に行き、夕方になったので帰ろうと、靴を履いていたら、

「結婚しよう」

と突然プロポーズされた。

その勢いに、思わず私も、

「はい」

と即答してしまった。裏表《うらおもて》がなく、心は優しい克裕さんの温かい人柄が、私の心の中までずんずんと温めてゆくようだ。この日から、何をしていても頭の中は『克裕さん』でいっぱいになっていった。

そして、毎週休みの日には、彼が仙台まで車を走らせて来てくれて、デートをし、時には角田へ行き、また仙台へ送ってもらうなど、私の家と彼の家の間に、タイヤの跡がついてしまったのではないかと思うぐらい、毎週のように行き来してもらった。

そこで、第一の不思議である。

私には一人だけ妹がおり『まなみ』という名前。そして、彼にも姉一人と妹一人がおり、妹さんのお名前が『真奈美』さんなのだ。

何より驚いたのが、彼のお母様のお名前が、『みどり』さんで、私も高橋に嫁いで、『高橋みどり』になったので、平仮名の『みどり』の同姓同名が、一つ屋根の下に、二人いることになった。

また、私の誕生日は、四月二十一日なのだが、克裕さんの妹の真奈美さんも、四月二十一日生まれなのである。

克裕とみどりの感性が合っているのも、二人の育った家庭環境が似ているからなのかもしれない。

克裕の父は元警察官で、警察をやめて商売を始めており、私の父も、元海上保安庁と海の警察で二十年勤めてから、運輸省の第五港湾建設局で、大型船の船長をやっていた。二人とも、真《しん》に真面目な人たちである。

十三、克裕、第三の試練

愛し合っている二人の結婚生活は、毎日がキラキラと輝いていた。

料理好きの私と、酒好きの夫。

お店の営業を終えて帰宅すると、美味しい酒の肴を作り、二人で晩酌。「かんぱーい」である。

克裕はきれい好きでフットワークが軽いので、壊れたところがあると、すぐに修理してくれる。力仕事もすべてやってくれる。

年に数回、旅行に連れて行ってくれる。

「プレゼントは、男がするもの」

と誕生日以外にも時々、プレゼントをくれる。

そして、二人とも、人と接することが大好きで、お店に御来店されるお客様とは、みんなお友達感覚でお話しする。

克裕の言ってくれた言葉で、一番うれしかった言葉は、

「あなたの大切なものは、私の大切なもの」

という言葉で、それ以来私の娘や息子、父や母までも、ずっと大切にしてもらっている。

また、克裕は大変親孝行な人で、当時もう引退をしていた義父と義母が、毎月のように車で一時間ほどの温泉宿へ四、五日宿泊に行く時の送迎をしてあげたり、義父が先に亡くなってからは、義母と叔母と私を車に乗せ那須のペンションに何度も連れて行ってくれた。

二〇一一年東日本大震災の年から、義母が糖尿病と認知症になり、私は食事の管理と身の周りのお世話と一日三回のインシュリンの注射を四年間続けた。しかし、その義母も自宅で亡くなり、私たちは二人暮らしになった。

世界がコロナ騒動になるまで年に一、二度は海外旅行に連れて行ってくれた。

克裕はよく、

「大学まで出してもらって、一宿一飯の恩義は決して忘れない」

と言っていた。

私も女二人姉妹の長女だったので、最初の結婚をした時から、両親が年をとっ

てきたら私がお世話をするつもりだと言ってきた。

ただ私が離婚をした時は、逆に両親が心配して、三重県の松阪の家を売り払って、仙台の地へ移り住んでくれた。

そして、仙台の電波高専に通う私の息子を下宿させてくれて、私の方が大変お世話になったのだった。

克裕は、その私の両親を克裕が建てた角田の家に呼びよせてくれた。

お互いの両親四人と私たちの誕生日には、年に六回私がケーキを作り、ごちそうを準備して六人で集まりお誕生日パーティーをしていた。

私の父も角田に来て、十年前に認知症を発症して車の免許を返納してからは、月二回の病院通いや、週二回の買い物に毎回克裕が私といっしょに父と母を連れ出してくれた。

今は、父が亡くなり母一人になったので、週二回の買い物に連れ出す以外に週に二日私たち夫婦で母の住む家に泊まりに行っている。

私の娘や息子も、複雑な家庭環境の中、一生懸命勉強し、娘はアメリカ留学の語学力を活かし、大学の秘書の仕事につき結婚。息子は電波高専から大学に編入し、プレステーションの会社を経て株式会社ネクソンへ。今は結婚して、私の初孫を見せてくれた。娘の留学に際しては、留学の費用の全てを克裕がだまって出してくれたのだ。二人とも三十代で家を建てるようになったので、立派に育ってくれて感謝である。

克裕に感謝すると同時に、克裕の両親や私の両親に、お店に来てくださるお客様に、そしてマルセンを支えてくれるスタッフ全員に感謝である。

そして、克裕はすべて有言実行なのである。

また、

「二人の間で喧嘩は、禁止にしよう」

とも言った。

どんなささいな喧嘩でも、そこから離婚に繋がってしまうかもしれないからだ。

おかげで、おだやかで幸せな生活を送ることができている。

そんな幸せな生活の中、二〇〇四年のある日、かかりつけ医の高山《たかやま》医院へ、健康診断の結果を聞きに行くという夫につきそって出かけた。彼の診察中、待合室で待っていると、看護師さんに、

「奥様も、中にどうぞ」

と言われ、先生の前に座る。すると、

「高橋さんは、肝臓の数値が悪いね。これ、C型肝炎の可能性が高いので、紹介状を書きましょう」

と先生から言われた。

『C型肝炎って、何だろう』

と何だかポカンとしていると、克裕は、

「運が悪いな」

と言っている。

C型肝炎は、C型肝炎ウイルスに感染することで起きる、肝臓の病気である。無症状から、慢性肝炎になり、慢性肝炎から、肝硬変、肝ガンに進行するケースが多い病気だ。原因は、子供のころの予防接種の注射針の使い回しや、輸血などである。克裕の場合、たぶん子供のころの予防接種が原因だと思われた。

克裕は「がんセンター」で多くの検査をして、C型肝炎が判明した。そして、治療のため一ヶ月の入院をした。

治療は、毎日の抗ガン剤の筋肉注射であった。かなり強い注射で、克裕は毎回の注射のあと、

「腹筋運動を、三百回ぐらいしたあとの筋肉痛のように、体中の筋肉が、ギューッと絞られるように、痛いんだ」

と言っていた。

その強いインターフェロンの注射を、入院しながら毎日、右肩、左肩、右尻、左尻、と場所を変えて打たれる。

体中がだるさに襲われ、はき気や、脱毛もひどくなっていく。そして毎日、微熱が続く日々。

その注射を半年続けてもC型肝炎が消えない人もいて、つらい治療を、辞退する人もいるそうだ。

退院後も三ヶ月、近くの病院へ注射に通った。

そして、克裕は幸運なことに、みごとC型肝炎を消し去った。

その後、癌を克服した人と同じく、毎年一回、五年間は、検査のためがんセンターに通った。

現在は完治した。

十四、東日本大震災

二〇一一年三月十一日、あの東日本大震災は、静かな午後に突然やって来た。

当時店にいた私は、突然床ごと、ガッチャ、ガッチャと大きく左右に揺さぶられ、立っていられず、思わず腰を低くした。それでも、手は、落ちてきそうになる、三十万円以上すると言われているコーヒー豆用の真空機を必死で押さえていた。

今まで体験したことのない揺れがおさまるまで一、二分だったのだろうけれど、五分以上揺れていたようにも感じた。

揺れがおさまって、マルセンの店内を見回すと、床一面に棚の商品が散乱し、ハチミツやジャムのビンは割れ、電気は消えている。

数人のお客様と外へ出ると、向かいの郵便局の人たちもみんな外に出て、フェンスに摑まっている。

その巨大な揺れは、海に面した隣町の、亘理《わたり》町や山元《やまもと》町の方からやって来た感じがして、そちらの方向を眺めていると、また、大きな余震が来た。

お客様には、とりあえずお帰りいただいて、店を閉めて店内の片づけに入る。

『もしかしたら、このまま大好きなお店を、営業できなくなるのかしら』

と悲しい気持ちになる。

しかし、克裕は他の人とは違っていた。

蔵の中のずれた棚や、落ちた商品、棚が倒れて入れなくなっている裏の作業場と、次から次へ、まるでブルドーザーのように直していく。どんな時も、決して後ろを向かない人だ。

余震は半年ほど続いていた。まるで地球が病んでしまったかのようだった。

その日、気づいてみると、商品は落ちたり、棚は壊れてしまったりしていたが、お店の中にある蔵の屋根瓦は一枚も落ちていなかったし、蔵の壁にひび一つ入っていなかった。

隣の家の蔵は、壁がはがれ落ち、近所の蔵はすべて崩壊していた。

大地震の夜は停電していたし、片づけで疲れていたので、二人、二階の寝室で日本酒を呑んでいた。

夜八時ごろ、暗闇の中、「ドンドン」と玄関の戸を叩く音がした。

階下に降りて行き、玄関の戸を開けると、角田市の防災安全課の方で、

「夜分にすみませんが、マルセンさんだけは、使い捨ての丼や紙コップなど必要な物を売っていらっしゃるので、すみませんが、市民のために、明日から、お店は閉めないで、開けていてくださいね」

と言われた。

社長の克裕は、当時の市長の大友喜助《おおともきすけ》さんとは、角田高校時代の同級生で、「かっちゃん」「喜助」の仲だった。だから、

「おお、わかった、喜助」

と停電でレジも使えない中、翌日から、懐中電灯で電卓を照らしながら、お店を開け続けていた。

お客様は、

「ああ、開いててよかった」

とか、

「胸まで水につかって、山元町から、トンネルをくぐって歩いて来たんだ」

などと、ずぶ濡れの服で来た人もいた。

みんな、使い捨て丼や紙コップ、業務用の冷凍食品や、缶詰などを買っていった。

当時、トラックなどの流通は、すべて止まっており、克裕は、売る物がなくなってくると、近くのたまご舎さんから生卵を何箱も現金で仕入れてきては、うちの店で売っているタマゴパックに入れて店内に並べ、

「これをゆで卵にでもして喰うといいぞ」

と、お客様に声をかけて売っていた。

また、別の日には、漬物を樽で漬けている農家の方に袋詰めにしてもらったり、パンを焼けるお客様からパンを仕入れて販売したりして、喜ばれた。

市内や近隣の市町村の病院からは、紙コップや弁パックも、たくさん買いにいらした。

そして、克裕は私たち家族のために、仕事の合間《あいま》を縫って何回も、角田橋の向こうまで、水を汲みに行ってくれた。

私たちは二人とも、人と接することが大好きである。まるで、十数年も飼っているゴールデンレトリーバーのように、人懐っこい二人である。

それゆえ、東日本大震災でもうお店が続けられなくなるかもしれないという、悲しい想いをしたものの、壊れた物を、まるでブルドーザーのように、バリバリ直していく夫のおかげで、みごとマルセンは、復活を果たしたのであった。

十五、サンドウィッチマンがやって来た

冒頭でも書いたとおり、この東日本大震災の翌年、二〇一二年に、『サンドのぼんやり〜ぬTV』（tbc東北放送）という、地元・宮城でのサンドウィッチマンさんの番組がマルセンへ取材にやって来た。

当時、震災でも瓦一枚落ちなかった蔵が、パワースポットだというウワサを聞き付けてのことだった。

サンドウィッチマンの伊達《だて》さん、富澤《とみざわ》さんと、名久井《なくい》アナウンサーの三人と、カメラマンや音声さんなど、撮影クルーが十名ほどで角田の街を紹介しながらマルセンにやって来た。

当時、独身だった名久井女子アナウンサーが、

「私も、婚活パワーが欲しいっ」

と蔵の入口の大きな柱に抱きついて言っているところも放映された。その半年後ぐらいに名久井アナウンサーが電撃結婚をしたことから、「マルセンの蔵は、縁

結びの蔵」だというウワサが広まった。

そのころは、まだ蔵は、在庫の商品を置いておく収納庫だった。

蔵の二階は床板も薄く、板のすき間から蔵の一階が見えていた。そのため軽い商品のみを置いていた。

サンドウィッチマンさんが来てから、蔵の入口にさわっていくお客様が増え、その中から、蔵をさわって、帰りに宝くじを買ったら、高額当選したというお客様が三組も現れ、蔵の二階の窓のところには、お礼参りのお酒が奉納された。

また、娘の結婚を祈って母が蔵をさわって行ったところ、娘がその一週間後に彼からプロポーズされたそうで、お礼参りの寿のお酒を持っていらした。

そして前述のように二〇一七年のある日、仙台から来た営業マンが、

「おじちゃんお菓子ちょうだい」

と言われたので、お酒ではなくお菓子を持って来たことから、マルセンの蔵には、座敷わらしがいることがわかったのだ。

十六、座敷わらしと話す人

二〇一八年、隣町から買い物にいらした六十代の男性が、

「蔵を見せてもらえないか」

と言われた。

義姉が、

「どうぞ」

と言うと、その男性、伊藤さんは蔵の前に立ち、目を閉じ、両手を軽く蔵に向けて掲げると、

「下には、いないな」

とつぶやいてから義姉に、

「上に上っても、いいか」

と尋ねられた。義姉が、

「上も倉庫になっていますが、よかったらどうぞ」

と言うと、伊藤さんは蔵の二階へと、急な階段を上って行かれた。

　義姉が、

「電気をつけましょうか」

と尋ねると、

「いや、暗い方が、いいんだ」

とおっしゃる。

伊藤さんは、うす暗い蔵の二階の中程《なかほど》まで行くと、腰をかがめ低い声で、

「あ……やっぱりいた、いた……」

と言いながらしゃがんで
「ぼく、何歳」

「――」

「ここに、何年ぐらい、いるの」

「――」

「そうか。かれこれ八十年ぐらいになるな」

などと言い、暗闇の中で子供らしい誰かと話していた。

伊藤さんはしばらく何か話し込んでいたが、間もなく降りて来られ、蔵の前の

イスに座られた。そして、自分の手のひらに数字らしきものを書き終えると、

「この蔵は、百四十二年前から、ここに建っているそうだ」

と語り出した。

「二階にいる子は、三歳で、八十年ぐらい、ここに住んでいるそうだ」

霊感のほとんどない私にとっても、この伊藤さんの座敷わらしの発見は、大変な驚きと興味で、心が「ワクワク、ドキドキ」した。

同時に、今まで起こってきた不思議なことや数々の偶然も、もしかしたら座敷わらしの仕業なのかと思うと、なんだかうれしくなってきた。

十七、不思議なこと

蔵の二階に座敷わらしがいるとわかってから、蔵の二階にも行ってみたいという人が増えてきた。

ある日、蔵の二階で『キャッ、キャッ』と騒ぐ声がするので、何が起こったかと見に行くと、名取市から来たという三人の五十代の主婦が床に座り、持参したおもちゃのレールに電車を走らせて、何か話しかけながら、大笑いをしている。

私が、「いい年して何やってるんですか？」「どうしたのですか」

と、尋ねると、中でも一番見えるらしい人が、

「今ね、三人のわらしの中でも、一番元気な男の子が、ここに来ていっしょに遊んでいるのよ」

と言って、床から一メートルのあたりを見て微笑んだ。

「え、わらしたちは、何歳くらいなんですか」

と尋ねてみると、

「ここにいる元気な男の子が五歳くらいで、あっちにいる可愛いオカッパ頭の女の子が三歳ぐらいかな。そして、奥の棚の下あたりで恥ずかしそうにこっちを見ている子が一番小さくて二歳ぐらいね」

と、まるでそこに本物の子供が見えているのかのように話されたので、私はびっくりしてしまって、声も出なかった。

だが、そこに私の目には見えない何かがいると聞いても、不思議と恐怖心は全くなく、何だか蔵の二階のその空間が、ほっこりと優しい空気で包まれているような気がした。

当時、蔵の二階は商品をしまっておくバックヤードのため関係者以外立ち入り禁止にしていたのだが、ある時社長は、蔵の二階に上りたい人があまりにも多いことに気づいた。霊感のある方に

「座敷わらしは幸運を呼ぶので、一般の方にも開放してあげるといいのでは」

と言われたので、蔵の二階のすき間から下の見える床板を張り替え、同時に二階に上る急な階段にも、安全な手すりを設置する工事を発注した。

それからも、不思議なことは続く。

二〇一八年、社長と二人でレジの所に立っていると電話が鳴った。電話を見る

と、『シャチョウケイタイ』と表示されていて、そばに立っている社長を見ると、社長の携帯はズボンの後ろのポケットに入っている。

社長に、

「みどりさん、出てみたら」

と言われ、恐る恐る電話を取り、

「もしもし」

と言ってみる。

相手は何も言わず、「シーン」としている。

その電話を切り、社長に

「ちょっと、携帯借してください」

と言い、携帯の発信履歴を見ると、

「十七秒前、マルセン」

となっていた。

私は、誰と電話をしたのだろう。

蔵にいらっしゃる方が、みんな携帯を手に撮影するので、それをいつも見ている座敷わらしは、いつの間にか携帯の使い方を覚えたようだ。

ある日、社長が蔵の前に立ってお客様に蔵の説明をしていると、社長のズボンの後ろのポケットに入っている携帯から、

「もしもし、社長。何か御用でしたか」

と言う声がする。社長が携帯を取り出すと、そこには、毎日のように蔵にいらしている薬剤師さんの顔が、テレビ電話になって出ていた。

その薬剤師さんによると、社長からテレビ電話がかかってきたとのことだった。

社長は、その時まで携帯を手にしておらず、また、社長のアドレスには薬剤師さんの電話番号は入っていなかった。

ただ、蔵の前のテーブルとイスのところに、以前からその薬剤師さんの名刺が置かれていたので、携帯の使い方を覚えた座敷わらしが、イタズラをして、電話をしてみたのかもしれない。


ある朝、社長がお店に来て蔵の前に行くと、突然携帯の着信音が鳴り、自動音声で、

「いつも、あいしてくれて、ありがとう」

としゃべったという。

社長が驚いて携帯の画面を見ると、ひらがなで、そう書いてあった。

実は、社長をはじめお店のスタッフは、開店と閉店の時に蔵の前で、朝は、

「今日も一日、よろしくお願いします。いっしょに、お店屋さんごっこしようね」

と声に出して言い、夕方、閉店の時には、

「今日も一日、ありがとうございました。明日もまた、よろしくお願いいたします」

と言っていたのだ。

座敷わらしたちはみんなのことが大好きなのである。

蔵を維持していく経費がかかるため、お店に来て、大人の方、お一人様千円以上お買い物をすると、蔵の二階に上ることができることにした。

蔵の二階には、皆さんが持ってこられたおもちゃが、たくさんある。

そのおもちゃで遊んでから、携帯のカメラを動画にして、フラッシュをつけて撮影すると、『シュッ、シュッ』と、小さな光の玉が飛んでいるのが映る時もある。

座敷わらしの「オーブ」である。

蔵に、伊藤さんが来てから不思議なことが続いていたが、我が家でも、その年の八月に夫の甥っ子が結婚、九月に息子が結婚、十一月に私の甥っ子が結婚、二月に娘が結婚、五月に私の姪っ子が結婚と、一年間に私たちの親族が五組も結婚したのである。

ちなみに、この人たちは結婚前に皆、蔵をさわりに来ていた。

十八、『世界の何だコレ⁉ミステリー』

二〇一九年三月、『世界の何だコレ⁉ミステリー』（フジテレビ）が取材にやって来た。

タレントの原田龍二《はらだりゅうじ》さんがお店の中の蔵の二階に二泊して、その様子を暗視カメラで撮影していた。

一日目の夜、お店を閉めたあとに私たちは店を出され、店には原田さんとスタッフだけになった。

原田さんがこたつの中で歌を唄った時、突然、ちゃんちゃんこを着た男の子のような、黒い影が走ったという。このちゃんちゃんこは、座敷わらしが寒くないようにと、お客様が蔵の二階に持ってきてくださった、青いちゃんちゃんこのようだったらしい。

また、二日目の夜には、原田さんが二階にいて、下にはスタッフは誰もいない時、不思議なことが起こった。

その時スタッフは、全員が事務所と休憩室に入って、原田さんのいる二階の様子に何か変化がないか、モニターで観察していた。

映像の一部には、スタッフの誰でもない声で、

「電源○○します」

と言う声が入っていて、その後、草履《ぞうり》かワラジの足をひきずるような、

「ズ――、ズ――」

という音が、入っていた。


この番組が放送されたあと、日本で初の五月の十連休があり、マルセンには毎日四百人から五百人の人が訪れた。

店の前の十台分の駐車場はたちまちいっぱいになる。半年ほど前に、蔵の二階を張り直したり、手すりを付けたりして、蔵の修復工事にお金もかかっていたので、蔵の存続のための協力金の意味もあり、大人の方、お一人様千円以上のお買い物をしていただいた方のみ蔵の二階に上れるように制限してはいたのだが、蔵の二階に上り、座敷わらしに会いたい人はあとを絶たず、一回に十人ずつに制限しても、蔵の前の長蛇の列は、一日中、途絶えることはなかった。

嵐のように過ぎ去った十連休のあと、蔵の前に立ってみると、なんだか二階の床の中央が下にたるんできているように見えてしょうがないので、不安になり、社長から、床を修理した製材所の業者さんに連絡してもらう。

業者さんに見てもらうと、やはり、お客様の重みで床が少したるんでいるという。

そこで、製材所の社長さんにも見に来ていただき、檜《ひのき》の立派な柱を三本、蔵の一階から垂直に入れていただいた。あとは、一階と二階の間に、九十センチ間隔で、大きな直角のビスをぐるりと一周入れてもらった。

蔵はもう、何があっても大丈夫なくらい強固になった。

十九、蔵に来た多くの人たち

メディアの力は偉大なるもので、ある日、角田市の姉妹都市でもある北海道の栗山町《くりやま》から、小学生の子供たちがご来店。

市役所の人が引率して来られ、子供たちを撮影しようとビデオを回したら、そこにはいない誰も知らない小さな女の子が、子供たちの奥でピョンピョンはねているのが写り、全員大騒ぎとなってしまった。

週末になると毎週ご来店される仙台の会社員の自称『おさむちゃん』四十九歳は、少し霊感があって、座敷わらしが大好き。

今までも、秋田や岩手や福島の座敷わらしのいると言われるところへ足しげく通っている。

そして、マルセンの蔵の二階に上ると、しばらく絵本を読んであげたり、お手玉をしたり、お客様が持ってきたオモチャで遊んでから、携帯のカメラを動画にして、ライトをつけて蔵の二階の奥の方を撮影すると、毎回のように、とてもきれいなオーブがゆらゆらと揺れながら、おさむちゃんに近づいてくるのが映る。

おさむちゃんは、他の場所でもオーブを撮影してくるのだが、マルセンの蔵の座敷わらしを『角ちゃん』と呼んでいて、蔵の二階に上ると、心が落ち着いて、幸せな気持ちになるそうだ。

また、二〇二〇年十一月に、私は両手に荷物を持って走っていて、道路で転倒してしまい、右上腕を骨折してしまった。

年末の忙しい時期にさしかかるので、困ったなと思いながら、左ききなのを良いことに、その日からレジに立っていた。

そんな姿を見たおさむちゃんが、カルシウム剤を箱入りで買ってきてくれた。

『座敷わらし角ちゃんへ。

早くみどりさんの怪我を治して下さい。

おさむちゃんより』

と書いた紙をカルシウム剤の箱に貼って、その箱を蔵の二階に奉納してから、私にプレゼントしてくれた。

そのせいだろうか、三週間後にレントゲンを撮ってもらうと、なんと骨が完全

おさむちゃんが撮った蔵の2階のオーブ。
柱と丸い形。肉眼では見えません。

おさむちゃんが撮った蔵の2階のオーブ。
紙ひこうきのような形で、紙ひこうきのように飛んだ。

にくっついていた。先生も、

「素晴らしい、素晴らしい」

と驚かれていた。

何より私自身が、不自由な期間が短くて済んだので、大変ありがたかった。

リハビリでそれから三ヶ月、その整形外科に通って完治した。

北海道からキャンピングカーでいらっしゃる人もいれば、九州から飛行機で二回もいらっしゃった方もいた。

また、ある時は、ロサンゼルスから大きなボストンバッグをころがしながらいらっしゃったご夫婦もいて、日本人の奥さんの方に、

「どうしてお知りになったのですか」

と尋ねた。すると彼女は、

「今時は衛星放送で日本のテレビが見られるんですよ」

と言って、蔵の壁に貼ってあった、『世界の何だコレ!?ミステリー』の写真を指差して教えてくれた。

その方たちも霊感はないようだが、テレビで見て、どんなところか不思議な空間を見たくなって来たそうだ。

もちろん、幸運が来るように、願いごとをしていったようだ。

別の日には、三人で来店されたうちの二人が、ドイツから来られたドイツ人で、やはり衛星放送でご覧になり、わざわざ見学に来られたそうだ。

蔵の二階には、自由に記入できる『わらし日記』が置いてあるのだが、そこに

はドイツ語で何かメッセージが書かれていた。

後日、蔵に上った親子のお父さんが、

「あれ、これはドイツ語ですね。イッヒ……」

と読み始め、

「『私はドイツから来ました。幸せになりたいです』と書いてありますよ」

と教えてくれた。そこで、

「ひょっとして、お医者様ですか」

と尋ねると、

「がんセンターの医師をやっています。今日は、娘がどうしても来たいと言うので、いっしょにやって来ました」

と言うことだった。


座敷わらしを肉眼で見ることができたという人は、けっこういるものである。ただ、現実社会でそのようなことを言うと、ちょっと変わった人だと思われると心配して、今まで口に出さなかったという人もいる。

見えたという人を数えていたが、二十人をすぎたので、数えるのをやめた。

小学校低学年以下の子供には見える人が多いような気がする。

群馬からいらしたご夫婦は、蔵の二階に上った途端、奥の上の方を見て、

「あ、あそこの梁《はり》の上に、小さい子供が二人います」

と言われたので驚いた。

青森からいらした四人家族は、小学校低学年のお子さん二人のうち、下の男の子が右奥を指差して、

「あそこにちっちゃい男の子がいるよね」

と姉に向かって言うと、姉も、

「うん、いるいる」

と言って、二人の目は、そこにくぎづけになっていた。

ご両親は、何も見えないらしく、そばでキョトンとしていた。

仙台から何度もいらしている女性のお坊さん、永澄《えいしょう》先生は、蔵の二階には、『小太郎君』『みちちゃん』『さちちゃん』の三人のわらしが住んでいて、

「ぼく小太郎、下駄が欲しいの」

と言われたそうで、

「みんなの下駄を持ってきました」

と、かわいい三つの下駄に名前を書いて、持ってきてくれた。


岩手にお住まいのご夫婦の場合、二階に上った途端、韓国人らしい奥さんが突然両足を小刻みに踏み鳴らしながら、興奮した声で、

「あの男の子の名前、あるんですか」

と言った。

「小太郎君ですよ」

と答えると、

「小太郎君、こんにちは」

と手を振り、

「ところで、その左側にいる女の子たちも、名前わかりますか」

と聞かれた。

「たぶん、みちちゃんとさちちゃんですよ」

と返すと、

「みちちゃん、さちちゃん、こんにちは」

と、うれしそうに微笑んで、手を振っていた。

いっしょにいらしたご主人は、後ろで呆然としていた。


福島からお越しになる小学校低学年の娘さんとそのお父さんは、今までに三、四回お見えになっただろうか。

いつものように蔵に上り、しばらく蔵の二階で過してから、にこにこと降りてきて、お父さんは、

「いやー、娘がね、ずっと学校に行けないでいたんですが、先日からやっと通学できるようになったんですよ」

と言う。

脇に立っている娘さんを見ると、色白で髪が長く、お姫様のような可愛いワンピースを着ていて、まるでお人形のような女の子だった。あまり可愛いと、いじめられるのよねー、と思いながら、

「よかったですね。きっと座敷わらしが応援してくれているんですね」

と言うと、その女の子は、にっこりとうなずいた。

仙台からいらした、五十代の主婦二人は、一人の方が見えるらしく、蔵から降りて来ると、手をももの辺りに持ってゆき、

「これぐらいの可愛いオカッパ頭で、切れ長の目の女の子が、蔵の二階にいましたよ」

と言った。

「この子ですか」

以前に別のお客様の携帯の写真に写っていた、赤いはんてんの中に、可愛い女の子の顔が浮かび上がっている写真を見せると、

「そうそう、この子です」

と言われた。

また、以前いらっしゃって、その後足の痛みがなくなったのでお礼参りに来たという亘理の二人組は、蔵の二階で、それぞれ写真撮影をしていると、梁にかけてあるフラフープの中の鈴が、風もないのに、『チャリン、チャリン』と、大きな音を立てて鳴ったと言う。二人とも携帯で撮影中で、女性の携帯には、

「あなた、鈴《すず》さわったでしょう」

「俺は、携帯持ってっから鈴さわれねえべ。おまえさわったたっぺ」

などと、あわてた声で言い争う様子が記録されていた。二人とも鳥肌が立っていた。

座敷わらしは、時々こんなイタズラをしてくるが、一体何を言いたかったのだろうか。

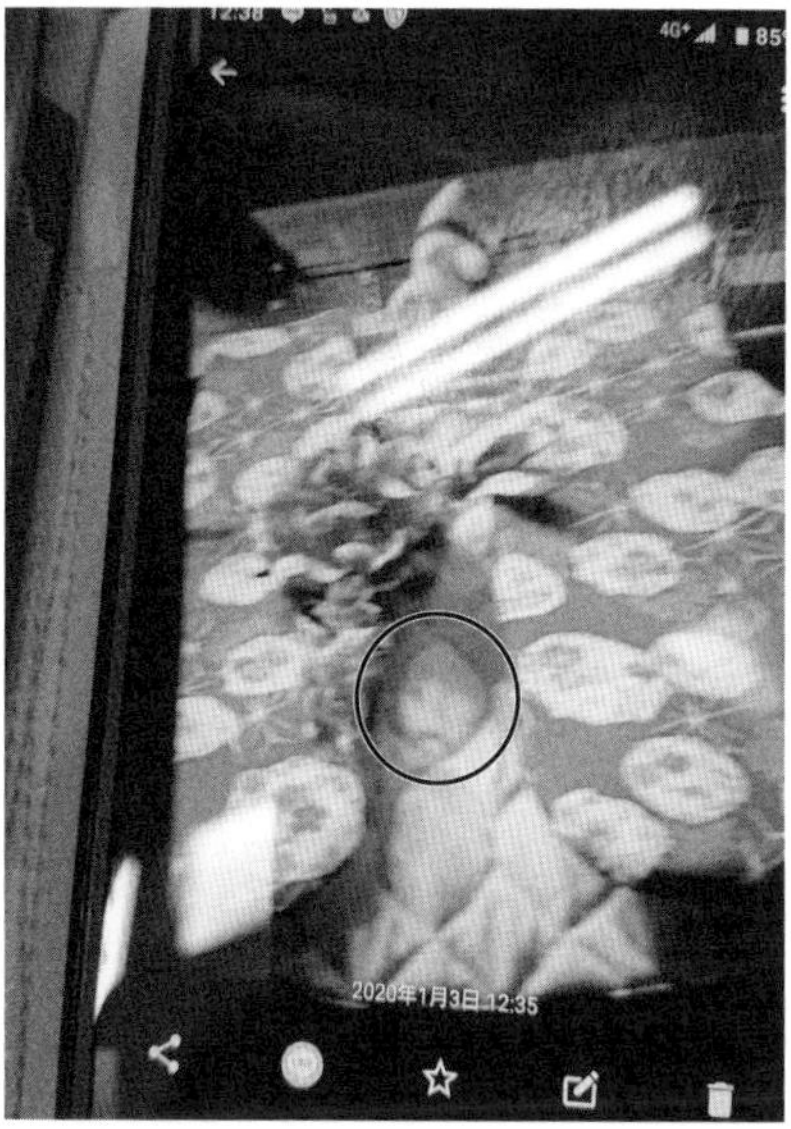

お客様が持ってきた赤いはんてんの中に可愛い女の子の顔が浮び上がった別のお客様の携帯の写真。

マルセンでは、社長である克裕が開発したコーヒーソフトクリームが有名である。

みんな蔵の見学のあとに、コーヒーソフトか六種類のアイスを購入して食べるのだが、東京からいらした若い女性は、蔵から降りる

とアイスクリームケースのところへは行かず、まっすぐレジに来て、

「パステルマーブルください。お薦めされたので」

と蔵の方を指差した（パステルマーブルは、バニラとストロベリーとソーダの三色がマーブル状になった虹色っぽいアイスクリーム）。

「座敷わらしちゃんの言葉がわかるんですか」

と尋ねると、

「はい。社長さんと奥さんのことが大好きなので、体に気をつけて、と言っていました」

と答えた。

座敷わらしは、優しい子なんだなあと、なんだかうれしくなってしまった。


さらに不思議なことは続く。

何度か蔵にいらしていた仙台からの男性が、

「先日蔵に来て妻の首にできていた悪性腫瘍が良くなりますようにとお願いしていったら、帰った翌朝、妻の首にあったけっこう大きなふくらみがすっかりなくなっていました。いやぁびっくりしましたよ」

と、蔵にお礼参りをしていった。

三回目ご来店のご夫妻が人気マンガのキャラクターの時計を持ってご来店。その時計は言葉を話す機能が壊れていたのに急に話すようになったという。センサーで反応するのだが、誰もいない部屋に置いても話す。また車に乗っていると、サイドミラーが開いたり閉じたりして、車屋さんに見てもらったが、そんなことは起こりえないと言われた。そのサイドミラーは、三人家族がみんな何度か見ているので、これは座敷わらしが家までついて来ちゃったかもしれないと思い、その時計を奉納に来たのだと言われた。

二年ほど前にご来店された五十代男性は、その時にくも膜下出血の小さい病巣があって手術しなくてはいけなかったのだが、蔵の二階の柱に頭をこすりつけて行ったら手術をまぬがれたので、
「お礼参りに来ました」
とのことだった。

以前に社長の携帯から座敷わらしが勝手にテレビ電話をかけた相手の薬剤師さんが、一人で蔵の二階に登って動画を撮ったら、

「キャッ」

というサルのような声が入っていた。

これは座敷わらしの声なのだろうか。そのあたりを調べたが、そんな声を出すオモチャはなかった。

私がその薬剤師さんからいただいた声の入った映像をマルセンのスタッフにラインで送ろうとしたら、ラインのスタッフのアイコンが二ヶ所にあった。、送信を確認しようと一個を開いてみたら、二本同じ動画が送られていた。そのスタッフにそのことを伝えた。その後、また自分のラインを開いてみた。すると、アイコンは一個しかなく、動画も一本だけだった。座敷わらしにイタズラされたのだろうか。

おばあちゃんが小学生らしい二人の男の子を連れて、「蔵の二階に上らせて」と大人一人分の千円以上のお買い物をした。

蔵を降りたおばあちゃんは、実は蔵には前にも二回来ているのだが、この二人のひ孫が母親もいっしょに父親から暴力を振るわれ、離婚して実家に逃げ帰ってきたので、この子たちが元気になるようにとここへ連れてきたと言う。

二人の小学生はスラッとして背は高めで素直そうだが、暗い顔をしていて終止笑顔がなかった。

私は、

「座敷わらしさんお勧めのアイスクリームがあるんですよ。お子さんたちにどうですか」

とおばあちゃんにうながしてみた。

その間社長は蔵へ行き、座敷わらしからオモチャを二個おすそ分けしてもらって来て、子供たちに手渡していた。

子供たちはパステルマーブルのアイスとオモチャを手にペコリと頭を下げて行ったが、二人の目はどんよりと曇っていて、子供が持つキラキラとした輝きがひとかけらもなく笑顔もなかった。

社長もそんな二人を心配してオモチャを持ってきてあげたようだ。

きっと二人は幼いころから父親の暴力を受け続け、母親と泣いて暮らしていたのだろう。

『座敷わらしちゃん、あの子たちをどうか幸せにしてあげてね』

と心の中で祈った。

角田の人で、初めてご来店の男性。

蔵の二階で見学をしていると、ズボンの前ポケットに入れていた携帯が鳴った。電話に出ようとするとすぐに電話が鳴り止み、着信履歴には何も残っていなかったと言う。

しばらくすると再び携帯が鳴り、電話に出てみると知り合いの人で、〝今あなたから電話をもらったけど何かご用でしたか〟と言われ、大変とまどっていた。

また、座敷わらしのイタズラだったのだろうか。

二十、宮城県角田市から

宮城県角田市は、宮城県でも南の方に位置し、仙台から、車で一時間ほど南下する場所にある。

「四方山《しほうざん》」という名のごとく、四方を山に囲まれている。

海に面してはいないので、東日本大震災の時も津波の被害を受けることはなかった。

穏やかな気候の土地で農家の多い米どころだが、人口減少が甚だしく、マルセンの周りの商店会も十年前に解散していた。

閑散とした街のまん中にあるマルセンは、この「座敷わらしのいる蔵のあるお店」として、全国放送のテレビに出演してしまってからというもの、毎週土・日はもちろん、平日まで、全国から観光客が押し寄せていた。

二〇一九年、三月の『世界の何だコレ⁉ミステリー』に続き、地元番組も同年五月に、歌手のさとう宗幸《むねゆき》さんが総合司会を務める『ＯＨ！バンデス』（ミヤギテレビ）が、八月にはタレント・本間《ほんま》ちゃん（本間秋彦《あきひこ》さん）の『突撃！ナマイキTV』（KHB東日本放送）が取材に訪れ、オーブなどを撮影していった。

二〇二〇年には、NHK仙台ローカル番組の『みちたん～ああ！　すばらしきセカイ～』が、全国放送でも放送された。

その前年十月、宮城県県南地方は台風十九号に襲われる。

一級河川・阿武隈川の氾濫は避けられたが、その支流の小田《おだ》川が氾濫し、角田市の町中に水が溢れ、道路は深さ一メートルの濁流と化し、「ごうごう」と音を立てて流れていた。

水が引いてから、タイヤの半分まで水につかりながら店に向かうと、店の前の駐車場は湖状態。

店内は、一面深さ十センチメートルほど水が入り込んでいたが、水をかき出し、清掃と消毒をして、二日後には再び開店することができた。

まさに、不幸中の幸いであった。

角田市や隣接する丸森町《まるもりまち》では、建物の二階まで浸水し、避難生活を強いられる人も大勢いた。そんな時でも、

「お店や蔵は大丈夫ですか」

と全国から問い合わせのお電話をいただいた。

中には、

「座敷わらしちゃん、大丈夫でしたか」

という問い合わせもあったが、そんな時は、

「お店の中は少し浸水しましたが、蔵の中や座敷わらしちゃんは大丈夫でしたよ」

とお答えしたものだった。

年が明け、二〇二〇年一月・二月と水害による売上低下から、徐々に元に戻ろうとしていた矢先、新型コロナウイルスの流行で、世の中が外出自粛になってしまった。

日本ばかりではなく海外からも来ていたお客様は、急に減ってしまった。

それでも、どうしても座敷わらしに会いたいという人が、万全の注意を払い、マスクや店内の消毒薬を使いながらも、近県からはいらっしゃっている。

ある日、店にいらした霊感のある方から、

「あなたたちご夫婦が出会ったのは、決して偶然ではなく、必然だったんですね。社長さんが、お店の中に蔵が入るような造りにしたのも、実は、座敷わらしちゃんが蔵を守るために、イタリアから帰った社長の脳裏に働きかけたのでしょう」

と言われた。

発端はサンドウィッチマンさんと、名久井アナウンサーだったかもしれない。

あるいは、仙台から来て、

「おじちゃん、お菓子ちょうだい」

と言われた営業マンだったかもしれない。

そして『世界の何だコレ⁉ミステリー』の原田龍二さんが、泊まる施設でもなく、今まで誰も泊まったことのない蔵の二階に、勇気を振り絞り二泊して体験した不思議な出来事を、日本中にテレビで配信してくださったことなのかもしれない。

そのおかげで、日本中から、いや世界中から多くの人がマルセンを訪れ、蔵の二階に上り、不思議な体験をした後、病気が治ったり、結婚できたりした。

長年、不妊治療をしていたものの、子供に恵まれなかった人が、蔵に来た途端、妊娠し、無事出産できたという人も、一人や二人ではない。

二〇二〇年七月には、仙台からもう何回も蔵にいらしていて、座敷わらしの名前が、「小太郎君」「みちちゃん」「さちちゃん」だと、教えてくださった、女性のお坊さんである永澄《えいしょう》先生が来られた。

「毎日、世界中からマルセンさんに、たくさんのお客様がいらっしゃるので、座敷わらしちゃんたちが疲れないように、守ってくださる観音様に命を入れて、お連れしました」

と、一メートルほどの大変立派な観音像を息子さんに運んでいただいて、奉納してくださった。

また、毎週のように蔵に来て、座敷わらしのお友達のような、おさむちゃんも、ダイソンの空気清浄機を寄贈してくださった。

皆様のお気持ちが、いっぱいつまった蔵の二階は、澄んだ空気の清らかな空間になっている気がする。

座敷わらしたちも、皆様が持って来てくださった、たくさんのオモチャで遊びながら、きっと幸せな毎日を、過していることだろう。

『世界の何だコレ⁉ミステリー』がマルセンのことを放映してから、丸二年経つ。

大地震や、大水害、コロナなどあったけれど、マルセンは守られている。

同時に、幸せを呼ぶ座敷わらし、「小太郎君」「みちちゃん」「さちちゃん」は、ここ宮城県角田市から日本中、いや、世界中の人々に、幸せパワーを放ち続けているようだ。


人生というものは波乱万丈なものなのかもしれない。

克裕もみどりも、そして、その子供たちも、多くのつらい想いをしてきたが、今、皆、幸せに暮らしている。

これは、運命の流れだろうか。

座敷わらしが、みんなを守って、ここ角田の、幸せな地に導いてくれたように思う。

きっと私は、将来、克裕さんに、

「ありがとう」

と笑顔で言って、死ぬことができるだろう。

「座敷わらしのいる蔵」の出版が決まった前の月に、マルセンのスタッフが撮影したオーブ。原稿用紙のような紙が、下から上へ飛んだ。座敷わらしが出版を応援してくれたのかもしれない。

あとがき

普通の平凡な家庭に生まれ、幸せな生活をしていた克裕とみどりが、いつしか得体の知れない運命の流れに巻き込まれてゆく。

そして幾多の困難や病気を克服して、たどりついたところは、愛と優しさと感謝の心で満ちあふれる場所だった。


私が離婚し、角田に嫁いでからも、子供たちが仙台の学校や職場に通うため、仙台でめんどうを見てくれた、私の両親に心から感謝している。

また、つらい時期、東日本大震災の時、いつも心配してくれていた、名古屋の高校、大学の友達や親戚の人たち、東京、仙台の友達、マルセンの人たちに、

「ありがとうございました。これからもよろしくお願いします」

と言いたい。

そして、奇跡的に幻冬舎さんという素晴らしい会社にご縁を持たせていただき、

笠原さん、編集者の森谷さんに大変お世話になり、作品を作り上げることができ、とても感謝している。

そんな数々の奇跡を起こしてくれた、宮城県角田市の(有)マルセンのお店の中にある蔵に住む、幸せを呼ぶ座敷わらしに、心から、「ありがとう」を伝えたいと思う。

〈著者紹介〉
高橋 みどり（たかはし みどり）
1959年 和歌山県田辺市生まれ。
宮城県角田市在住。
愛知淑徳大学文学部国文学科卒。
（有）マルセン役員

座敷《ざしき》わらしのいる蔵《くら》

2021年10月30日 第1刷発行
2023年 9 月29日 第2刷発行

著 者 高橋みどり
発行人 久保田貴幸

発行元 株式会社 幻冬舎メディアコンサルティング
〒151-0051 東京都渋谷区千駄ヶ谷4-9-7
電話 03-5411-6440（編集）

発売元 株式会社 幻冬舎
〒151-0051 東京都渋谷区千駄ヶ谷4-9-7
電話 03-5411-6222（営業）

印刷・製本 シナジーコミュニケーションズ株式会社

装 丁 株式会社 幻冬舎デザインプロ

検印廃止

Printed in Japan
ISBN 978-4-344-93739-0 C0095
幻冬舎メディアコンサルティング HP
http://www.gentosha-mc.com/